RÉPONSE

DE N. Th. B. FROCHOT,

AU LIBELLE INTITULÉ :

A la société des amis de la liberté et de l'égalité, séante à Aignay-Côte-d'Or, daté de Paris 7 brumaire, signé Rouhier, Jacobin.

Dit imprimé à Paris, chez Galetty, et publié seulement le 15 ventôse.

De la maison de réclusion, à Dijon, le 30 ventôse, l'an second de la république une et indivisible.

Si quelques citoyens ont eu la patience de lire l'infâme libelle dont je viens de donner le titre, ils se seront facilement apperçus qu'en feignant d'attaquer *le*

1

feuillantisme, le brissotisme, le rolandisme, et toutes les factions que la république a terrassées, c'est à moi principalement que l'auteur en vouloit.

Son but étoit de me perdre, et il a pensé l'atteindre, en épuisant contre moi tous les traits de la calomnie la plus acérée.

Je vais répondre avec l'impassibilité de la raison, et le calme de la probité; et pour que cette réponse ne soit pas insignifiante, je vais résumer les articles du libelle qui s'adressent à moi.

Voici à quoi ils se réduisent :

<table>
<tr><td>Analyse du libelle de Franç. Roulhier.</td><td>» Les Frochot qui, de pere en fils,
» ont été le rebut de l'avocasserie, ont
» produit un certain Frochot (moi),
» d'abord avocat en parlement; puis
» prévôt royal d'Aignay, chef de la
» vermine praticienne de cette com-
» mune; puis député à l'Assemblée
» constituante, où on ne l'auroit ja-
» mais entendu braire, s'il n'eût fait
» son profit d'un discours trouvé dans
» les paperasses de Mirabeau.</td></tr>
</table>

» Il n'a été, dans cette Assemblée, ni
» du nombre des sept qui ont voté pour
» que le procès fût fait à Louis XVI,
» après sa fuite à Varennes, ni du
» nombre des dix qui voterent pour le
» licenciement de l'armée.

» D'abord membre de la société des
» Jacobins, il les a quittés, parce que,
» selon lui, ils avoient des vues per-
» verses ; ensuite membre de la société
» des Feuillans, il les a quittés de
» même, parce que, selon lui encore,
» les projets des Feuillans n'étoient pas
» meilleurs. Il n'a pourtant dénoncé ni
» les uns ni les autres, d'où l'on doit
» conclure qu'il n'a quitté ce cloaque
» d'iniquités des Feuillans, que quand
» il a été assuré qu'il n'y avoit plus rien
» à gagner pour lui.

» L'opinion publique l'ayant con-
» damné à rester malgré lui dans son
» village, il parvint, on ne sait com-
» ment, à se faire recevoir aux Jaco-
» bins d'Aignay-Côte-d'Or, à la fin de
» l'été de 1792, lui qui avoit répété

» mille fois que ces espèces de sociétés
» n'étoient propres qu'à troubler le bon
» ordre. Mais il vouloit accrocher quel-
» ques places, et il crut ne pouvoir
» servir mieux son ambition, qu'en se
» faisant admettre dans cette société,
» d'autant qu'à cette époque, on étoit
» sur le point de renouveller les per-
» sonnes en place.

» Pendant qu'il a souillé la société
» populaire par sa présence, il y a
» prêché le feuillantisme le plus dé-
» goûtant ; il y a fait tout le mal qu'il
» a pu ; il a empêché qu'on ne procé-
» dât à un scrutin épuratoire ; il a
» voulu empêcher la société de rece-
» voir aucunes dénonciations ; et en-
» fin, quoiqu'il osât se faire honneur
» d'avoir été aux Feuillans, et le dire
» publiquement, on n'est parvenu à le
» chasser de la société populaire d'Ai-
» gnay, qu'au mois de juillet dernier.
» Ce M. Frochot fut obligé, à ce
» qu'on dit, de faire un emprunt lors-
» qu'il se rendit à Versailles ; et depuis

» son retour, il a fait des dépenses con-
» sidérables pour monter sa manufac-
» ture ; et cela mérite attention.

» A tous égards, c'est un homme
» suspect. Il l'est d'autant plus, que ce
» fut un Manuel qui lui servit d'inter-
» prête lorsqu'il sollicita auprès de la
» Convention nationale l'honneur d'être
» le champion de Mirabeau, qui l'avoit
» fait son légataire.

» Dès-lors un tel homme ayant été
» nommé, en juillet dernier, président
» de l'assemblée primaire du canton
» qu'il habite, puis président du comité
» de surveillance, il faut en conclure
» que le canton et la commune d'Ai-
» gnay sont composés de contre-révo-
» lutionnaires et de coquins, et que
» M. Frochot est le batteleur princi-
» pal qui fait mouvoir les marionettes
» à son gré. »

Après avoir pressuré l'ordure de F. Rouhier, pour en extraire ce qui pré- cede, je vais me laver les doigts ; en-

Méthode
de la
réponse.

suite je répondrai; et comme je n'ai ni intérêt ni besoin d'échapper, par des divagations, aux calomnies lancées contre moi; comme je veux que mes réponses soient nettes et précises sur chaque fait, et qu'à tous égards cette forme est la plus convenable pour un mémoire justificatif, je reprendrai mot à mot l'extrait que je viens de donner, et à chaque phrase j'opposerai ma réponse.

Les Frochot qui, de pere en fils, ont été le rebut de l'avocasserie, ont produit un certain Frochot (moi), d'abord avocat au parlement.

Sur l'in-
jure faîte
à mon
pere.

Mon pere, vieillard infirme, homme estimable autant que malheureux, ne méritoit pas cette injure; mais partie de si bas, elle ne sauroit l'atteindre.

Au surplus, mon pere a été le premier et le seul avocat de sa famille. Je n'ai jamais exercé cette profession.

Puis prévôt royal d'Aignay, chef de la vermine praticienne de cette commune.

J'ai été prévôt d'Aignay, mais le plus inexorable ennemi des procès, le fléau des praticiens. J'ai tué dans Aignay l'hydre de la chicane ; j'étois le juge de paix de mon pays, avant qu'il existât des juges de paix. J'en adjure mes concitoyens ; j'en adjure l'estime dont ils m'honorent : elle a pris sa source dans ma conduite envers eux sous l'ancien régime.

Sur ma conduite étant prévôt d'Aiguay.

Puis député à l'Assemblée constituante, où on ne l'auroit jamais entendu braire, s'il n'eût fait son profit d'un discours trouvé dans les paperasses de Mirabeau.

Ceci m'attaque sous les rapports de l'amour-propre ; c'est peu de chose. Il est très-vrai que je n'ai pas fait grand bruit dans l'Assemblée constituante, et

Sur mon obscurité dans l'assemblée constituante.

à raison de cela, je devrois être fort tranquille aujourd'hui. N'ayant pas assez de talens pour rechercher les honneurs de la tribune, je me suis enveloppé d'une profonde obscurité. Si cette résolution ne fait pas honneur à mon esprit, j'y gagne du côté du bon sens. C'est beaucoup de savoir, à vingt-huit ans, se ranger à sa place.

Quant au *discours trouvé dans les paperasses de Mirabeau, et dont j'ai fait mon profit*, je me crois obligé de démentir cette assertion. Il n'est pas juste que la réputation littéraire de Mirabeau ait à souffrir de mes querelles avec François Rouhier. Le discours dont il s'agit n'est pas de Mirabeau, mais de moi ; en voici, ce me semble, une preuve irréplicable : ce discours est la réfutation d'un projet du comité de constitution, lequel projet n'a été formé qu'en juillet 1792, et tout le monde sait que Mirabeau étoit mort le 2 avril précédent.

Au surplus, si ce reproche de piraterie littéraire m'avoit été adressé par un homme de goût, loin de le relever, je m'en serois secrétement enorgueilli.

Il n'a été, dans cette Assemblée, ni du nombre des sept qui voterent pour que le procès fût fait à Louis XVI, après sa fuite à Varennes, ni du nombre des dix qui voterent pour le licenciement de l'armée.

Tout obscur que j'aie été dans l'Assemblée constituante, mes concitoyens savent que je me suis rangé constamment dans le parti populaire. On me cite deux désertions : je n'ai pas été des sept qui voterent pour que le procès fût fait au tyran ; cela est vrai. Si cinq cents mille hommes bien armés, bien équipés, eussent été prêts à soutenir le décret ; s'il eût été possible de compter sur les chefs des troupes de ligne ; si, en exportant Capet, le traître Bouillé n'eût pas eu soin de vuider les arsenaux des places frontieres du Nord, et de

Quelles raisons m'empêcherent de voter, en 1791, pour que le procès fût fait au tyran.

les dégarnir d'hommes, d'armes et de munitions, certainement j'aurois voté en faveur du décret; je crois même qu'il auroit passé à une grande majorité.

Ces considérations importantes agirent sur moi comme sur la très-grande majorité de mes collegues; et lorsque sur environ sept cents députés patriotes, six cents quatre-vingt-treize ont erré, il est au moins ridicule de reprocher à un homme de si mince importance, de n'avoir pas eu assez de force de caractere, ou de perspicacité dans l'esprit, pour oser être du bon avis.

Au reste, la Convention nationale, plus juste que mon dénonciateur, n'a pas déclaré traîtres à leur pays tous ceux qui, dans cette occasion, eurent la foiblesse de voter contre le procès. Trente membres au moins de l'Assemblée constituante siégent à la Convention; il est clair que j'ai voté comme vingt-trois d'entre eux.

Quant à la proposition du licenciement de l'armée, je jure qu'il ne m'en
reste aucun souvenir. Cette proposition
avoit d'abord été faite par Mirabeau,
au commencement de 1791, et renvoyée
au comité militaire. A-t-elle été repré-
sentée ? Je ne m'en souviens pas. Dix
membres seulement voterent, dit-on,
en faveur du décret : eh bien ! ou je
n'étois pas à la séance, ou j'ai voté avec
les dix. La mesure du licenciement m'a-
voit toujours paru nécessaire et même
indispensable ; je l'aurois adoptée par
conviction intime, et par confiance dans
les opinions de l'auteur ; car enfin, ce
décret, à quelque époque qu'on l'ait
soumis à la discussion, étoit la pensée
et l'ouvrage de Mirabeau.

Quoi qu'il en soit, et eussé-je voté
contre le décret, je dirois, comme sur
l'article précédent, j'ai erré avec six
cents quatre-vingt-dix de mes collegues,
avec vingt membres actuels de la Convention ; je ne valois pas la peine d'être

Quelle é-
toit mon
opinion
sur le li-
cenciem.
de l'ar-
mée.

distingué. Mais, encore une fois, si j'ai voté dans cette occasion, je l'ai fait en faveur du décret.

D'abord membre de la société des Jacobins, il les a quittés, parce que, selon lui, ils avoient des vues perverses ; ensuite membre de la société des Feuillans, il les a quittés de même, parce que, selon lui encore, les projets des Feuillans n'étoient pas meilleurs.

Quels motifs m'entraîne-rent aux feuillans, en juillet 1791.

J'ai été membre des Jacobins, et même l'un des premiers ; car à Versailles j'étois du comité Breton, et comme tel, je me trouvai l'un des cinquante ou soixante fondateurs de la société des Jacobins, après la translation de l'Assemblée constituante à Paris.

Je les ai quittés, dit - on, *parce qu'ils avoient des vues perverses ; et ensuite membre des Feuillans, je les ai quittés aussi, parce que leurs pro-*

jets n'étoient pas meilleurs ; et l'on assure que ce sont mes propres paroles. Quand cela seroit, que pourroit-on en conclure, sinon que je cherchois de bonne foi la vérité, et que je n'avois eu l'esprit de la trouver nulle part. Cela peut être d'un sot, mais non d'un coupable ou d'un malhonnête homme.

Au reste, je nie formellement le mot tel que F. Rouhier le rapporte. Je n'ai jamais parlé ainsi, soit des Jacobins, soit des Feuillans. J'ai dit, et c'étoit mon opinion ; j'ai dit, en répondant aux questions qui m'étoient faites sur la fatale scission du mois de juillet 1791, que je m'étois laissé entraîner aux Feuillans, par la persuasion intime que la pétition dite vulgairement du Champ-de-Mars, étoit l'ouvrage de la faction d'Orléans ; Laclos passoit pour en être l'auteur. On a dit depuis qu'elle étoit de Brissot. N'importe, sans avoir vécu ni avec l'un ni avec l'autre, je n'ai jamais estimé ni l'un ni l'autre. Je crus donc de bonne foi qu'il existoit alors dans la société des Jacobins de nombreux agens , soit de Philippe Capet , soit du ministere anglois, et que les uns ou les autres , peut-être même tous ensemble , vouloient allumer en France les torches de la guerre civile. C'est à ceux qui ont suivi de plus près que moi les différentes phases de la révolution, qu'il appartient de juger si , ou non, j'étois dans l'erreur, et si cette erreur étoit pardonnable , eu égard aux circonstances environnantes.

Je passai aux Feuillans avec deux cents quatre-vingt-dix de mes collegues, sur trois cents au plus. Il seroit aujourd'hui plus glorieux d'avoir resté avec les dix autres, pour anéantir la faction, démasquer et détruire tous les partis. J'en demeure d'accord.

Dès la premiere séance des Feuillans, il fut convenu , et même, à ce que je crois , positivement arrêté que les dé-putés Jacobins et autres y seroient seuls reçus; les premiers sans examen, ceux-ci après présentation ; mais que nul autre citoyen n'y seroit admis. Qu'ainsi cette société, ou plutôt ce comité, se dissoudroit avec l'Assemblée constituante.

Cette décision rassurant parfaitement contre tout esprit de prosélytisme ou de parti, je n'apperçus aucun danger dans l'établissement du comité des Feuillans. Les meneurs pouvoient avoir des intentions coupables, mais je n'étois ni meneur, ni ami des meneurs.

Au lieu de tenir l'engagement juré, le comité des Feuillans s'accrut bientôt d'un grand nombre d'étrangers. Je le fréquentai rarement. Puis ayant jugé, par un mot imprudent de l'un des faiseurs, qu'ils avoient l'intention d'établir une chambre haute, moi qui ne voulois pas plus de la chambre haute que de Philippe Capet, je quittai la société environ six semaines après sa formation.

Voilà ce que j'ai dit et répété, en exposant ma conduite et mes motifs

Quels motifs me déciderent à quitter les feuillans, vers la fin d'août 1793.

dans ces diverses circonstances. Mais jamais je n'eus l'absurde pensée d'accuser de desseins pervers, soit les Jacobins pris en masse, soit même les Feuillans tels qu'ils existoient alors.

Comment donc se fait-il qu'un homme, domicilié à soixante lieues de moi, et qui ne s'en est pas rapproché depuis mon retour de l'Assemblée constituante, ose donner comme miennes, des expressions qui, me fussent-elles propres, ne pourroient, dans aucun cas, être certifiées par lui ?

Au fond, je conçois que de l'exposé qui précede, un mauvais *analyseur* pourroit extraire la phrase rapportée par F. Rouhier. Mais ce n'est pas sur des extraits que l'on accuse, et moins encore sur de méchans extraits.

Il n'a pourtant dénoncé ni les uns ni les autres, d'où l'on doit conclure qu'il n'a quitté ce cloaque d'iniquités des Feuillans, que quand il a été

assuré qu'il n'y avoit plus rien à ga-
gner pour lui.

A raison de la profonde nullité que
François Rouhier m'accorde, je pourrois me dispenser de répondre à cette
objection. Cependant, pour ne laisser
aucun reproche en arriere, je vais m'expliquer.

Ce fut vers la fin d'août 1791, qu'A-
drien Duport me tint le propos indiqué
au paragraphe précédent, et voici à
quelle occasion.

Adrien Duport étoit membre du comité de constitution. L'Assemblée avoit
renvoyé à ce comité, mon projet de
décret sur les Conventions nationales,
pour en adapter les bases à quelques
dispositions antérieurement arrêtées.
Duport me communiqua son amal-
game, formant de nouveau projet de
décret. Tout étoit changé. Je m'en
plaignis. Je remarquai sur-tout qu'un
des articles intercalés, sembloit être un

acheminement aux deux chambres ; j'en fis l'observation à Duport : *eh mais, me dit-il, si telle est notre intention!*

J'étois seul avec Duport, il eût été fou d'aller le dénoncer. Je n'avois rien de mieux à faire que de profiter de l'avis indiscret, pour prémunir l'Assemblée nationale contre le piége qui devoit lui être tendu. Je le fis dans une petite brochure écrite très-hâtivement, imprimée, pendant la nuit, chez Baudouin, et distribuée à l'ouverture de la séance, le lendemain de ma conversation avec Duport.

Cette brochure contenoit un nouveau projet de décret, avec des observations critiques sur celui du comité, notamment sur l'article où se trouvoit le germe des deux chambres, et sur un autre par lequel on accordoit au roi une prérogative que je démontrois devoir lui être refusée.

Eloigné de chez moi, séparé de mes papiers, je ne puis motiver plus particuliérement ces faits. Mais la brochure existe, et il m'en reste plus de cinquante exemplaires.

En voilà, ce me semble, plus qu'il n'en faut pour justifier ma conduite et expliquer mon abnégation des Feuillans, dont Adrien Duport, Barnave et les Lameth étoient les meneurs.

Quant au reproche de n'avoir quitté cette association, que parce qu'il n'y avoit plus rien à gagner pour moi, je ne daigne pas y répondre. Dès le mois de mars 1791, j'avois accepté la place tranquille de juge de paix du canton d'Aignay; cela ne donne pas à présumer beaucoup de mes vues ambitieuses.

L'opinion publique l'ayant condamné à rester malgré lui dans son village.

Je pourrois prouver, s'il en étoit besoin, que l'opinion publique m'avoit appellé à sortir de mon village, et que j'ai préféré ce séjour à celui des cités. Que mon goût particulier, et non l'opinion publique, m'a fixé dans mon village.

Je prouverois, par exemple, qu'à mon retour de l'Assemblée constituante, je fus vivement pressé d'entrer au directoire du département de la Côte-d'Or, que je m'en excusai, et sur mon inaptitude à une telle place, et sur mon goût pour la vie rurale. Je m'en rapporte, sur ce fait, à tous mes collegues du conseil général du département de 1791, qui me donnerent, en cette occasion, des preuves non équivoques de leur estime.

Il parvint, on ne sait comment, à se faire recevoir aux Jacobins d'Aignay-Côte-d'Or, à la fin de l'été de 1792, lui qui avoit répété mille fois que ces sociétés n'étoient propres qu'à troubler le bon ordre.

De mon admission à la société populaire d'Aignay.

Je fus admis aux Jacobins d'Aignay, non à la fin de l'été de 1792, mais en mars de la même année. J'y fus présenté par Noël Rouhier, frere de l'auteur, et par Pierre-Athanase Caillard son ami, tous trois aujourd'hui mes co-dénonciateurs. Voilà le *quand* et le *comment.*

Mais on demande pourquoi je m'y suis fait admettre, après avoir répété mille fois *que ces espèces de sociétés n'étoient propres qu'à troubler le bon ordre.* Je nie ce propos. Où, quand et à qui ai-je dit cela ? est-ce en public ou en particulier ? est-ce en parlant des Jacobins ou en parlant des Feuillans ? de quelques sociétés ou de toutes les sociétés ? relativement à un cas particulier, ou en these générale ?

De mes opinions sur l'institution des sociétés populaires.

Mais qu'ai-je besoin d'aller chercher si loin ma justification ? Elle existe toute entiere dans un écrit que j'avoue, et dont le comité de surveillance de Dijon est en ce moment dépositaire.

Cet écrit, dont j'aurai occasion de parler encore dans la suite, contient toute mon opinion, tous mes principes ; en un mot, la profession de foi la plus complette sur les sociétés populaires en général. Je regrette de n'avoir pas le cahier sous les yeux, pour en extraire au moins quelques passages, et montrer à mes concitoyens combien étoit loin de moi la pensée qu'il plaît à F. Rouhier de me prêter.

Mais quoi ! si j'eusse regardé les sociétés populaires comme essentiellement perturbatrices de l'ordre public, me serois-je présenté à celle de mon pays ?

S'il étoit vrai que j'eusse énoncé cette opinion, la société populaire d'Aignay m'auroit-elle admis dans son sein ?

Mais il vouloit accrocher quelques places ; et il crut ne pouvoir servir mieux son ambition, qu'en se faisant admettre dans cette société, d'autant qu'à cette époque on étoit sur le point de renouveller les personnes en place.

De mon abnégation des places publiques, et motifs de cette abnégation.

J'ai déja observé que j'étois entré à la société populaire en mars 1792, et non à la fin de l'été. Ainsi le rapprochement fait ici de l'époque de mon admission, avec celle des élections publiques, ne prouve que la méchanceté de l'auteur, et nullement les vues qu'il me supoose.

En vérité, je me croyois plus qu'un autre à l'abri de la qualification de chercheur de places.

J'atteste une seconde fois mes collegues du département de 1791, de mes excuses d'entrer au directoire.

J'atteste le canton d'Aignay, de ma déclaration formelle en 1792, que je ne pourrois accepter la réélection de juge de paix.

J'atteste la commune d'Aignay, du refus d'accepter sa confiance pour les places de maire, et ensuite d'officier municipal, vers la fin de 1792.

Enfin, j'atteste la garde nationale, de mon refus de toute espèce de grade.

Voilà une liste des places que j'ai refusées. On auroit dû m'en fournir une de celles que j'ai recherchées.

Et que l'on ne croie pas que je me glorifie de cette nullité profonde à laquelle je me suis voué dans mon pays.

Mon devoir étoit de m'y rendre utile ; mais quelques hommes, comptant sur ma chétive dépouille, m'avoient vu à regret rentrer dans mes foyers, ils ne m'auroient point pardonné mes services. Je savois leurs projets ; j'ai tout fait pour échapper à leur haine. Difficilement on eût été plus sage ; il est impossible d'avoir été plus malheureux.

Pendant qu'il a souillé la société populaire par sa présence, il y a prêché le feuillantisme le plus dégoûtant, il y a fait tout le mal qu'il a pu.

Ma conduite dans la société populaire d'Aignay.

Comme je n'ai rien fait dans la société, qui ne soit écrit, et comme tout ce que j'ai écrit pour elle existe, soit dans ses archives, soit dans mes papiers, c'est-là que je renvoie ma justification.

Un discours civique sur la mort de deux volontaires de la commune d'Aignay, dans l'affaire de Maubeuge. —

Une adresse à la Convention nationale, portant adhésion au décret constitutif de la république. — Un rapport sur l'organisation de la société populaire d'Aignay. — Un nouveau réglement de police et de travail. — Une instruction sur la déclaration des droits. — Une adresse à la Convention nationale, sur les événemens du 31 mai. — Une pétition au département, contre son arrêté du 12 mai, relatif au désarmement général. Voilà tout ce que j'ai fait dans la société et pour la société populaire d'Aignay. J'offre ou je demande la représentation de ces divers écrits.

Le rapport et le réglement d'organisation nouvelle, ayant été pris sur moi, lors de mon arrestation, avec plusieurs autres pieces justificatives, sont actuellement déposés au comité de surveillance de Dijon. J'attends de la justice du comité, un examen particulier de ce rapport ; il y trouvera la pensée d'un bon républicain, les vues simples et vraies d'un homme de bien.

L'adresse au département doit se trouver dans ses archives ; c'est assurément une des plus anti-fédéralistes qu'il ait reçues ; et je dois remarquer qu'elle est d'autant mieux ma pensée, que ce n'est pas un ouvrage de commande. On a dit, dans le temps, que cette pétition avoit eu quelque succès au département : tout ce que je sais, c'est que l'arrêté du 12 mai a été retiré.

L'examen des autres pieces qui sont, ou dans mes papiers, ou dans ceux de la société, me deviendra également favorable.

Eh quoi ! si j'avois professé des opinions anti-patriotiques et contre-révolutionnaires, si ma conduite avoit été incivique ou suspecte, entouré que j'étois d'hommes faux et pervers, se borneroit-on aujourd'hui à des déclamations vagues, à des généralisations qui, disant tout et ne précisant rien, ne

signifient rien ! *J'ai prêché le feuil-*
lantisme le plus dégoûtant ! Mais ,
malheureux , dis donc quand et comment ? *J'ai fait à la société tout le*
mal que j'ai pu ! Cite un trait ?

Il a empêché qu'on ne procédât à
un scrutin épuratoire.

Tu mens. Lorsque cette mesure fut
proposée, j'en demandai la plus prompte
exécution. La société populaire l'a attesté le 10 de ce mois.

Suite de ma conduite.

Il a voulu empêcher la société, de
recevoir aucunes dénonciations.

Tu mens, et la preuve en est dans
mon réglement de police des séances
de la société, adopté par la société,
transcrit sur ses registres, et déposé
au comité de surveillance de la commune
de Dijon.

Suite id.

Enfin , quoiqu'il osât se faire hon-
neur d'avoir été aux Feuillans , et le
dire publiquement.

Comment je me suis honoré de ma conduite aux feuillans.

Tu arranges la vérité , et tout ce qui te passe dans les mains devient du poison. J'ai dit à un de tes amis , non en particulier, mais en public , non en présence de dix citoyens, mais devant plus de cinq cents. » Vous me » reprochez sans cesse d'avoir été aux » Feuillans ; je me suis déja expliqué » vingt fois à cet égard. Sans doute » j'ai erré, mais j'ai été entraîné par » la majorité de mes collegues ; j'ai » erré, mais avec des intentions pures; » et, *par les motifs qui m'ont conduit* » *aux Feuillans , je m'honore d'y* » *être entré , comme je m'honore de* » *les avoir quittés six semaines après.* »

J'ai la société populaire et le public pour témoins.

On n'est parvenu à le chasser de la société populaire d'Aignay, qu'au mois de juillet dernier.

Que je n'ai pas été chassé de la société populaire d'Aignay

J'ai été chassé dé la société ! moi ! mais par qui ? pour quoi ? et comment ?

Libelliste infâme, tu forniques la

vérité. Dis donc qu'en effet ton frere et tes amis avoient conçu le projet de m'en exclure à la séance du 30 juin ; qu'un seul d'entre eux osa proposer ma radiation, toujours et uniquement parce que j'avois été à la société des Feuillans ; dis donc que, sur soixante voix, cinquante - quatre furent en ma faveur ; dis donc que l'arrêté pris, j'adressai à la société ces propres paroles : » Vous m'avez rendu justice ; » mais on répond qu'une scission est » projetée. Je connois les dangers d'une » scission, je sais sur-tout que je ne » vaux pas la peine d'une scission ; et » je déclare qu'au moindre signe d'une » si fatale mesure, je me retire du sein » de la société. »

Que je m'en suis retiré volontairement, et pourquoi.

Ajoute donc, qu'à la séance suivante, tes amis, qui rédigerent le procès-verbal, y commirent un faux atroce, en écrivant que la question à mon égard avoit été ajournée, tandis qu'elle avoit été jugée par cinquante-quatre membres sur soixante, et en présence de plus de cinq cents citoyens. Dis donc que je me plaignis de ce faux ; que l'assemblée s'indigna contre le rédacteur ; et qu'un de ses amis ayant prononcé, dans le milieu du débat, le mot *scission*, je m'avançai à la barre, où je dis ces propres mots : » C'en est assez, » puisque, malgré moi, on veut faire » de moi la pomme de discorde de la » société, je réalise la promesse que » j'ai faite à la séance précédente. Je » donne ma démission. »

Je jure qu'il n'y a pas un mot, pas une lettre à retrancher de cet exposé, et tu appelles cela être chassé de la société ! Calomniateur insigne ! sache que dans la séance du 10 ventôse, la société populaire a attesté tous ces faits ; sache que la preuve matérielle du faux dont je m'étois plaint, existe encore sur le registre ; sache enfin qu'à défaut de tout cela, j'aurois le public pour témoin. Invente, mais non des choses si faciles à démentir.

Ce M. Frochot fut obligé, à ce qu'on dit, de faire un emprunt lorsqu'il se rendit à Versailles.

On dit mal. Au contraire, je payai, avant mon départ, plusieurs choses que je devois.

Sur mes moyens d'exister.

Et depuis son retour, il a fait des dépenses considérables pour monter sa manufacture, et cela mérite atten- tion.

Cette manufacture dont on fait tant de bruit, et qui exige des dépenses si considérables, consiste dans une seule *jenny* à filer le coton ; j'en ai fait faire quatre autres, mais jamais elles n'ont été montées.

Suite. Manufac- ture.

Cette manufacture consiste encore dans une fabrication de toiles de coton. A force de soins et d'activité, j'en ai fait cent dix pieces, de cinquante aunes, pendant l'année. J'ai trouvé mes moyens de fabrication dans environ 20,000 liv. d'emprunt, que je dois encore à quinze ou vingt particuliers différens, et dans le crédit des citoyens Bivert, Chrétien et Boiteux, de Dijon, qui m'ont toujours fourni les cotons filés et autres, à six mois de terme.

Voilà pour ma grande manufacture.

Suite.
Propriétés.

· Mais comment François Rouhier m'a-t-il fait grace de mes immenses acquisitions nationales? Ses amis on dû lui en écrire quelque chose ; ils en ont tant parlé ! Je regrette beaucoup que François Rouhier m'ait épargné sur ce chef, j'aurois eu le plaisir d'apprendre au public, que je n'ai pas un pouce de propriétés nationales ; que je ne possede qu'un quart de domaine à Is-sur-Tille, et une petite maison à Aignay ; le tout provenant da la succession d'un oncle ; et enfin une autre maison de fermier et trois arpens de terres à Aignay, seule acquisition que j'aie faite depuis huit ans que je suis marié.

Au surplus, ma déclaration pour l'emprunt forcé, déclaration dont je jure la vérité, à sous et deniers, est peut-être l'une des plus détaillées et des plus complettes qu'aucun citoyen ait fournies. Elle présente le tableau le plus scrupuleusement exact de mes créances, de mes dettes, de mes propriétés et de mon commerce. Les amis de François Rouhier l'ont déja très - sévérement examinée ; elle est du nombre des pieces déposées au comité de surveillance de Dijon ; je demande qu'elle y soit vérifiée de nouveau, et que le résultat en soit rendu public.

A tous égards, c'est un homme suspect ; et d'autant plus, que ce fut un Manuel qui lui servit d'interprete lorsqu'il sollicita, auprès de la Convention nationale, l'honneur d'être le champion de Mirabeau, qui l'avoit fait son légataire.

J'observe d'abord que je ne suis pas plus légataire de Mirabeau, que je n'ai

Que je n'ai été ni secrétaire ni légataire de Mirabeau.

été son *secrétaire*, comme il plaît à plusieurs de le répandre, sur-tout depuis ma détention.

Quelque distance qu'il y eût entre Mirabeau, homme de génie, et moi jeune homme, nous étions égaux sous le rapport de nos fonctions ; et, certes, je n'aurois pas voulu être le secrétaire de mon égal.

Mirabeau avoit l'intention, mais je l'ai empêché de me faire son légataire. Son mot à ce sujet est connu : » Vous » n'avez rien voulu de moi, eh bien, » je vous legue à mes amis. »
Passons à Manuel.

Sur mes prétendues relations avec Manuel.

Je n'ai jamais connu de Manuel, que la réputation civique dont il a joui pendant long-temps ; mais lui, personnellement, je ne l'ai jamais vu nulle part, je ne lui ai jamais parlé nulle part.

Pourquoi je me suis adressé à lui en déc. 1792.

Lorsque Mirabeau, mort, fut dénoncé à la Convention nationale, il s'agit d'abord de briser son buste ; Manuel s'y opposa ; et, sur sa demande, l'examen de la dénonciation fut renvoyée au comité des vingt-un.

Je dus savoir gré à Pierre Manuel, d'avoir au moins ajourné l'infamation d'un homme dont la mémoire m'étoit chere. Je dus lui savoir gré de n'avoir pas d'abord jugé coupable un homme que je croyois innocent. J'écrivis à ce député, comme je l'aurois fait à tout autre, en lui adressant un exemplaire de ma pétition à l'Assemblée nationale.

L'original de cette pétition avoit d'abord été envoyé à Barrere, alors président de la Convention ; ainsi c'étoit Barrere, et non Manuel, que j'avois prié d'être mon interprete.

Il est très-possible que, huit jours après, j'aie demandé le même service à Manuel. Je ne me rappelle pas les expressions de la lettre que je lui adressai ; on a pu la trouver dans ses papiers : en tout cas, le brouillon en existe dans les miens, avec la réponse de ce député. En lisant ces deux pieces, on jugera facilement qu'elles sont de deux hommes qui ne s'étoient jamais vus, qui s'écrivoient et se répondoient pour la premiere fois.

Quelque conduite que Manuel ait tenue depuis, dans la révolution, je ne crois pas que, m'être adressé à lui dans les circonstances que je viens de rappeller, ce soit un motif de suspicion contre moi.

Mais, dans l'intention de l'auteur, la suspicion ne résulteroit - elle pas plutôt du fait, que de l'accessoire? de l'objet de la demande, plutôt que du choix de l'interprete?

Quoi! douter du crime d'un ami qui n'est plus; être encore son ami dans la solitude des tombeaux; se proposer le défenseur de sa mémoire, pourroit être, dans une république, un motif de suspicion!

Certes, la Convention nationale et l'opinion publique n'en ont pas jugé ainsi; et je crois que si elles m'inter-

rogeoient aujourd'hui, ce seroit pour
me reprocher de n'avoir pas rempli ma
promesse.

Non, je ne l'ai pas remplie ; mais je
le jure, ce n'est ni par pusillanimité,
ni par crainte. Mes premieres démarches
faites, j'attendois que la Convention nationale s'occupât de cette affaire. J'ap-
pris, en frimaire dernier, que le comité d'instruction publique étoit chargé
d'en donner son rapport, je me disposai
à partir ; le 6 j'obtins un passe-port
pour Paris, et le lendemain, ou le
surlendemain, je lus dans le moniteur
le fatal décret ..... Que me restoit-il
à faire ? Soumettre ma pensée et mes
opinions, commander à ma sensibilité.

*Dès-lors un tel homme ayant été
nommé, en juillet dernier, président
de l'assemblée primaire du canton
qu'il habite, puis président du comité
de surveillance, il faut en conclure
que le canton et la commune d'Aignay
sont composés de contre - révolution-*

naires et de coquins , et que M.
Frochot est le batteleur qui fait mou-
voir les marionettes à son gré.

De l'ou-
trage fait
au canton
d'Aignay.

Quel est donc cet homme qui, étran-
ger à mon pays, presque inconnu dans
mon pays, domicilié à soixante lieues
de mon pays, ose le signaler à l'opinion comme un repaire de *contre-ré-*
volutionnaires et de *coquins ?*

Energumene forcené ! tu ne calcules
donc ni les expressions, ni le danger !

Oserois-tu, dis-moi, oserois-tu venir
chercher ta réponse au sein de cette
assemblée primaire que tu outrages si
courageusement du fond de ton grenier,
au coin de la rue Saint-André-des-Arcs ?
Va, ne crains rien. Tu pourrois y pa-
roître, sans même redouter le jeu des
marionettes. L'indignation ou la colere
sont encore des sentimens honorables
pour ceux qui en deviennent l'objet ;
mes concitoyens sauroient se respecter
assez, pour t'accorder la sauve - garde
du mépris.

Ainsi disparoissent , au grand jour Causes de de la per-sécution que j'é-prouve. de la vérité , ces imputations hazardées , ces inductions perfides , ces calomnies tout à la fois atroces et absurdes , envoyées et recueillies de si loin , et publiées à si grands frais.

Mais, on va me demander, pourquoi tout ce fracas de dénonciations? Pourquoi cette dépense d'impression, et à Paris et à Dijon? Pourquoi ce systême de persécution? . . . Pourquoi! en vérité j'ose à peine le dire; mais interrogez mes adversaires.

S'il veut être juste, F. Rouhier vous répondra qu'il ne me connoît point ; qu'il ne m'a pas vu six fois en sa vie ; que je n'ai jamais eu de relations avec lui , directement ni indirectement. Mais il vous avouera que la cause de sa haine est la privation d'une succession à laquelle il se croyoit des droits , et que le frere de ma femme a recueillie.

Consultez Noël Rouhier son frere, domicilié à Beaunotte , s'il peut être vrai, il vous donnera les mêmes mo-

tifs, et il ajoutera que son amour-
propre a été blessé, de me voir avec
la famille de ma femme, détruire,
sans sa participation, et convertir en
un établissement public et patriotique,
au profit de la commune d'Aignay,
une commission de messes de 500 liv.
de rente, créée à Beaunotte, par un
oncle ou grand oncle de lui Noël
Rouhier, qui vouloit probablement, ou
conserver sa part des messes, ou retirer
une portion du capital.

Consultez P. Ath. Caillard, leur ami
commun (pour cette fois j'ai regret
d'écrire, mais enfin c'est Caillard qui
dicte), il vous dira gravement, *qu'il
me soupçonne d'avoir parlé indiscrè-
tement de quelqu'un qui lui touche
de très-près.*

Ajoutez à ces puissans motifs d'intérêt public, une sotte et basse jalousie,
une misérable rivalité, dont je n'ai pas
même fourni le prétexte, et vous aurez
tout le secret de cette affaire.

Voilà les véritables causes de la per- Moyens de persé-cution. sécution que j'éprouve ; en voici les moyens.

Il étoit impossible de me faire passer pour aristocrate, fédéraliste ou contre-révolutionnaire ; mais on a dit :

» Il a été membre de l'Assemblée » constituante, et plusieurs constituans » ont déja péri aristocrates, fédéralistes » ou contre-révolutionnaires.

» En 1791, il a été pendant six se- » maines membre de la société des Feuil- » lans, d'où est né le feuillantisme en » 1792. Or le feuillantisme est un crime, » le mot feuillant est une injure.

» Il a été lié avec un homme alors » célebre ; aujourd'hui la mémoire de » cet homme est proscrite.

» En voilà plus qu'il n'en faut pour » accréditer contre lui toute espèce de » calomnies ; nous pouvons inventer, » dire et écrire à notre aise ; et répé- » tant à chaque phrase qu'il est un *ex-* » *constituant, un Feuillant, un ami*

» *de Mirabeau*, nous rendrons pro-
» bable tout ce que nous écrirons, di-
» rons et inventerons contre lui, et il
» sera jugé de prévention, sur l'éti-
» quette du sac. »

Mais en formant cette combinaison perfide, vous avez donc aussi compté sur la violation des formes à mon égard? Vous avez donc aussi espéré de rendre la justice nationale complice de vos vengeances particulieres? C'est-à-dire que, non contens de me calomnier, vous calomniez encore la révolution, et dans votre pensée, et par vos projets.

But de la persecu-tion.

Cependant quel est votre but? à quoi en voulez-vous? Ah! ni vous, ni vôs amis, n'avez eu la pudeur de le dissimuler; vous en voulez à ma vie; et après avoir calculé froidement les moyens de me l'ôter, vous prenez depuis long-temps vos vœux pour des espérances, et peut-être en ce moment vos espérances pour la réalité.

Et en effet, vous avez dans tout ceci

manœuvré avec tant d'adresse, qu'il vous étoit permis de compter sur des succès.

Eh ! qui pourroit ne pas admirer votre discrétion sur l'existence, votre à-propos pour la distribution de la lettre infâme à laquelle je viens de répondre !

Depuis le 7 brumaire elle est dans votre arsenal empoisonné ; depuis le 7 brumaire vous la dérobez soigneusement à la publicité. Le 13 ventôse, c'est-à-dire quatre mois après, je suis arrêté par suite de vos intrigues ; le 15, la lettre de F. Rouhier devient publique.

Eh bien ! votre propre ruse tourne contre vous - mêmes ; elle dévoile vos caracteres, votre intrigue et vos projets.

Je vous demande, moi, si cette lettre du 7 brumaire, adressée à la société populaire d'Aignay, a été lue, à cette époque, à la société populaire d'Aignay ? Et si elle ne l'a pas été, je vous demande pourquoi ?

Je vous demande encore pourquoi vous en avez soustrait, pendant quatre mois, les exemplaires à la lecture publique ?

Je vous demande enfin, pourquoi vous ne les avez répandus que depuis mon arrestation ? Et je vous défie de répondre sans mentir ou sans vous démasquer.

N'importe, gardez de perdre courage ; l'instant est décisif, et plus que jamais vous avez besoin de rassembler toutes vos forces. Allons ! il faut bien en finir, et j'en demeure d'accord. Depuis quinze mois je suis par vous tourmenté et vexé en tout sens ; je demande aussi le terme de cette persécution.

Justice ou oppression absolue.

La liberté ou la mort.

Quoi qu'il en arrive, je pourrai du moins, à mon dernier soupir, m'honorer également et de mes amis, et de mes ennemis.

Hommes atroces, qui tous ensemble, en buvant dans la coupe du crime, avez juré ma perte, achevez votre ouvrage. Après avoir immolé le pere à la turpitude de vos passions, et fait succomber la mere sous le poids de la douleur, je m'en repose sur vous du soin de perdre aussi les enfans !

Mais non ! écoutez Saint-Just à la tribune de la Convention nationale.

» Apprenez, a-t-il dit, apprenez à
» l'Europe que vous ne voulez pas qu'il
» existe sur le territoire de la répu-
» blique un malheureux ni un oppres-
» seur. »

Voilà notre jugement. C'est à moi d'espérer ; à vous, de trembler.

Signé FROCHOT.

P. S. Il est plus facile d'accuser que de se défendre ; de lancer la calomnie que de la repousser. Aussi les dénonciateurs ont-ils un grand avantage sur ceux qu'ils attaquent : ils peuvent-être courts ; et à raison de leur brieveté, ils ont plus d'espérance d'être lus.

Je n'ai que trop éprouvé, dans la rédaction de cet écrit, combien il est difficile de resserrer sa justification. On flétrit un homme avec deux lignes de calomnie, comme on l'empoisonne avec un grain d'arsenic ; mais souvent il faut employer plusieurs feuillets pour détruire un seul mot calomnieux, comme plusieurs livres de remedes pour arrêter l'effet d'un petit volume de poison.

Le desir d'être court m'a fait renoncer au projet que j'avois eu d'abord, de fondre dans cette réponse l'exposition de ma conduite depuis 1789 ; mais je ne m'en tiens pas quitte ; je la donnerai séparément, et l'on y verra que les persécutions n'ont altéré en rien la stabilité de mes opinions. Je tiens trop à la liberté par principes, pour déserter sa cause par dépit. Il existe des intrigans, des calomniateurs, des méchans ; eh mais, tout cela est dans l'ordre ! et au fond, je ne me plains pas plus de rencontrer dans la meilleure organisation sociale, des êtres de cette espèce, que de trouver au pied de nos plus beaux édifices, ces reptiles venimeux que la nature y plaça, dit-on, pour pomper le mauvais air.

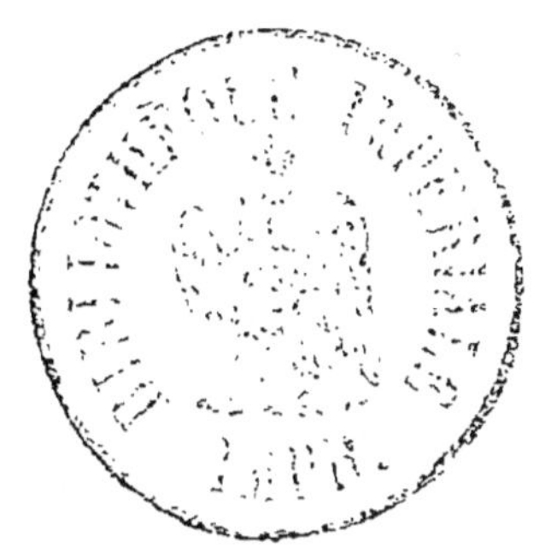

DE L'IMPRIMERIE DE P. CAUSSE.

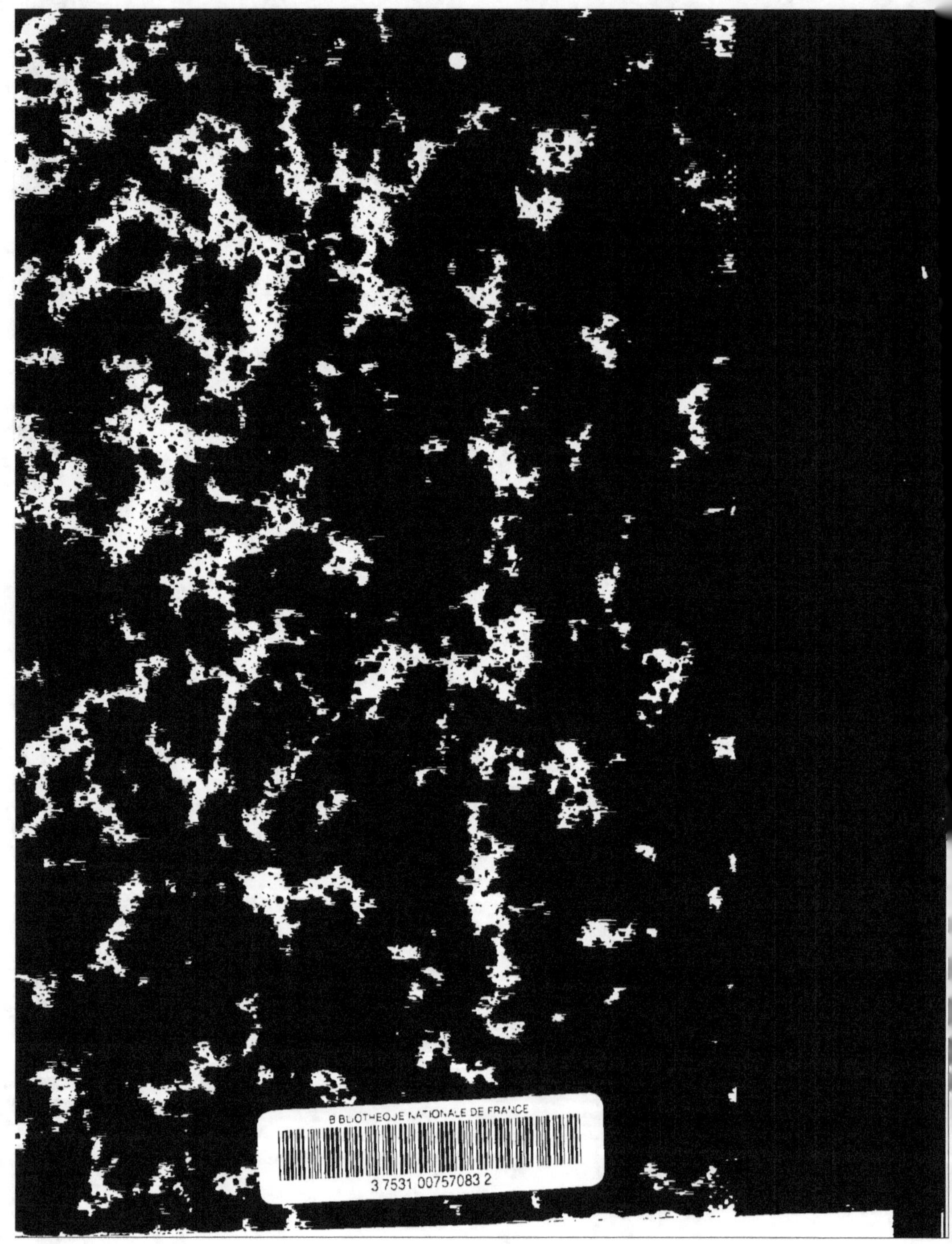